W0245680

Ulrich Riemerschmidt · H. G. Schwieger · Leben heißt hoffen

Die blaue Reihe: H. G. Schwieger
Ulrich Riemerschmidt

Leben
heißt hoffen

P | R
V | W

PR-Verlag · Wiesbaden

Titelbild: Blühender Mandelzweig, Vincent van Gogh, 1853–1890

© 1977 by H. G. Schwieger, Corconio/Wiesbaden
Alle Rechte vorbehalten
Herstellung: Kösel GmbH & Co., 8960 Kempten/Allgäu
Bucheinband: Adolf Hiort, Wiesbaden
Satz: City-Fotosatz Rudolf & Nostadt, Wiesbaden
Schrift: Garamond der H. Berthold AG, Berlin
Umschlag: Paja Klischees, Graphische Kunstanstalt
W. Eichelsbacher, Frankfurt a. M.
Bilder: Pablo Picasso, „Das Leben" (1903)
    Copyright by SPADEM, Paris/COSMOPRESS, Genf
ISBN 3-921261-17-1

Inhalt

Hoffnung ist für das Leben
wie Sauerstoff für die Lunge.
Wer keine Hoffnung hat,
erstickt an der Gegenwart.
Hoffnung verändert die Welt.

Leben heißt hoffen

Hoffnungslosigkeit kann tödlich sein; umgekehrt löst Hoffnung neue Kräfte aus. Die Dichterin Luise Rinser berichtet in diesem Zusammenhang von folgender Zeitungsnotiz: Ein Arbeiter wurde beim Verladen am Gâre du Nord versehentlich in einen Kühlwagen eingeschlossen. Als man den Wagen einen Tag später öffnete, war der Mann tot. Bei ihm fand man einen Brief, in dem er seiner Frau genau die Stadien des langsamen Erfrierens beschrieb. Das Merkwürdige dabei war, daß das Kühlaggregat garnicht in Betrieb war. Der Mann starb, weil er dachte, er müsse erfrieren; er starb an der Hoffnungslosigkeit seiner Lage.

Wie wichtig es oft ist, in erster Linie die Hoffnungslosigkeit zu bekämpfen, geht auch aus dem Ergebnis einer Untersuchung hervor, die unlängst von zwei Forschern, A. T. Beck und Maria Kovacs an der Universität von Pennsylvania und von Arlene Weissmann am Städtischen Krankenhaus in Philadelphia durchgeführt wurde. Bei der an 384 Personen vorgenommenen Analyse handelte es sich um Menschen, die einen Selbstmord versucht hatten. Dabei ergab sich, daß bei ihnen allen die Hoffnungslosigkeit der auslösende Faktor war und eine verminderte Einsichtsfähigkeit in den meisten Fällen eine wichtige Rolle spielte.

Nach Prof. Beck führen typische Verzerrungen im Weltbild eines depressiven Patienten zu selbstmörderischen Zwangsvorstellungen: „Er mißdeutet alles Erlebte stets negativ und rechnet bei jeder Bemühung, ein wichtiges Ziel zu erreichen, mit einem Fehlschlag."

Aus ihren Beobachtungen schließen die Forscher, daß man sich bei der Anwendung von Lebenskrisen gefährdeter Menschen nachhaltiger auf die Bekämpfung der Hoffnungslosigkeit als nur auf die selbstzerstörerischen Handlungen eines Patienten konzentrieren sollte.

Dort, wo der Betroffene aus den verschiedensten Gründen in eine Situation geraten ist, aus der er sich nicht mehr selbst befreien kann, oder vermeint, nicht dazu in der Lage zu sein, bedarf es oft nur des Zuspruchs, einer gemeinsamen Analyse der Begleitumstände oder des Ausdruckes der Teilnahme, um aus wiederaufkeimender Hoffnung neue Kräfte zu schöpfen. In anderen Fällen ist tatkräftige Hilfe vonnöten.

Obwohl sie bereits auf verschiedenen Ebenen angeboten wird, bleibt noch immer viel zu tun übrig. In der Heiligen Schrift werden die Begriffe Glaube, Liebe und Hoffnung als die Eckpfeiler unseres Lebens angesprochen.

Hoffen und Hoffnung kommen in der Bibel zweihundertundsechsmal vor, Hoffnungslosigkeit dagegen kein einziges Mal. Das Wort „Hoffnungsloser" nur ein Mal und zwar im positiven Sinne im Buch Judith, in dem es heißt: "... sondern du bist Gott... der Retter der Hoffnungslosen,"

Leben wir nicht in einer sonderbaren Zeit? Seit mehr als dreißig Jahren haben die europäischen Länder und nahezu alle Staaten der „zivilisierten Welt" keinen Krieg erlebt. Es gab auch keine Krise, die unmittelbar darauf hinzuführen schien. Und doch herrscht keine Zufriedenheit. Die schlimmen Folgen des zweiten Weltkrieges wurden innerhalb einer verhältnismäßig kurzen Frist getilgt, die zerstörten Städte wiederaufgebaut. Dies geschah mit unternehmerischer Initiative und unermüdlicher Arbeitsamkeit. Es ist nicht wie nach dem ersten Weltkrieg, als das tägliche Straßenbild jahrelang von Millionen hungernder Arbeitsloser, verstümmelter Versehrter und verzweifelt Bettelnder schmerzlich geprägt war. Der Wohlstand wuchs allenthalben beträchtlich. Man kann ihn statistisch am „Bruttosozialprodukt" ablesen: es stieg von Jahr zu Jahr, und mit ihm wuchsen und wachsen die Spareinlagen der Bevölkerung. Eine noch nie vorhandene Fülle von Theatern und Unterhaltungsstätten ist Abend für Abend gut besucht. Die großen Konzerthäuser wie zahlreiche Festspiele finden einen erstaunlichen Zustrom – nicht nur „reicher" Leute, sondern auch junge Menschen sind mit Begeisterung dabei und diskutieren – aufgeschlossen, wie sie sind – darüber leidenschaftlich. Dennoch bleibt festzustellen, daß die Menschen kaum froher wurden.

Natürlich bedrücken uns noch viele Sorgen und Nöte rundum. Zeitbedingt kommen täglich neue hinzu. Andererseits sollten wir nicht vergessen, daß die Menschen in früheren Jahrhunderten und Jahrzehnten viel Schlimmeres auszuhalten hatten. Man denke nur an die Bedrängnisse aus der Willkür tyrannischer Herrscher und unbeherrschter Diktatoren, an das viele Leid aus plötzlich hereinbrechender Roheit und grausamer Ungesetzlichkeit. Der moderne Rechtsstaat und eine demokratische Gesellschaftsordnung sichern einen guten Teil der Menschenrechte eines Jeden.

Natürlich ist noch vieles unvollkommen, und ein Idealzustand wird wohl nie erreichbar sein.

Aber immer weitere Fortschritte sind möglich. Jeder kann sich mit dafür einsetzen. Jeder darf seine Stimme erheben, darf fordern, darf Vorschläge machen und protestieren. Die medizinische Forschung hat in verhältnismäßig kurzer Zeit so Erstaunliches geleistet, wie man es nicht für möglich hielt. Man denke nur an den Rückgang einstiger früher Sterblichkeit, an die erfolgreiche Bekämpfung der großen Seuchen und Epidemien, an den Sieg über viele gefährliche Krankheiten. Manchem mag das zu optimistisch klingen. Dennoch ist die Welt – trotz neu hinzukommender Schrecknisse – doch menschlicher geworden. Die Massenmedien – Zeitungen, Rundfunk und Fernsehen – berichten von heut auf morgen über offenbar gewordene Mißstände. Sie können das sehr eindrucksvoll und alarmierend tun. Sie dürfen in unserem Teil der Welt frei und offen kritisieren. Rechtswidrigkeiten werden innerhalb kurzer Zeit bekannt. Massenleiden und Massenkatastrophen vermögen rasch umfassende Hilfsaktionen auszulösen, auch über nationale Grenzen hinweg.

Man darf durchaus zu Recht sagen, daß es heute eine Hilfsbereitschaft, Hilfestellung und Hilfeleistung gibt wie nie zuvor. Man muß nur genau hinschauen und sollte nicht allem noch Negativen das Übergewicht zusprechen. Die Lebenserwartung für ein neugeborenes Kind hat sich während der letzten hundert Jahre statistisch mehr als verdoppelt. Das heißt, wer in den 70er Jahren des vorigen Jahrhunderts nur ein Alter von Mitte Dreißig erreichte, kann heute mit mehr als 70 Jahren rechnen. Das mag zunächst nur als eine nüchterne Zahl erscheinen. Aber dahinter verbirgt sich vielerlei: neben den Fortschritten der Medizin auch die der Fürsorge und der Vorsorge, eine Ausweitung der Gesundheitspflege, der Ausbau von Kinder-Betreuungsstätten und die Aufmerksamkeit, die man den Leidenden und Behinderten, den Kranken und den alten Menschen entgegenbringt.

Karitative Einrichtungen kümmern sich um Vereinsamte, um Gefährdete und Süchtige, um Problemgequälte und um Ratlose, um die, die allein nicht weiter wissen – bis hin zur Telefonseelsorge, die, zu Rat und Tat hilfsbereit bei Tag und Nacht, sich schon in allen größeren Städten findet.

Das meiste, was in diesen Bereichen geleistet wird, geschieht in der Stille. Es ist kein Thema für reißerische Schlagzeilen in der Boulevardpresse oder in sensationsgierigen Illustrierten. Der unermüdliche und entsagungsvolle Dienst eines Sozialarbeiters oder einer Nachtschwester, eines Jugendheimleiters, eines Telefonseelsorgers oder eines Helfers, der sich freiwillig der Betreuung in einem Seniorenklub widmet, läßt sich von Außenstehenden kaum ermessen. Nur wer mit den vielfältigen Aufgaben solcher Gemeinschaftshilfen genauer vertraut ist, weiß von der tiefen Befriedigung wie natürlich auch von mancher Enttäuschung, die zunächst damit verbunden sein kann.

Nach dem Bericht einer „mobilen Sozialstation" eines Landkreises erwies sich diese Einrichtung über alle Erwartungen hinaus als notwendige, als notwendende Lebenshilfe für die jüngeren oder älteren, körperlich oder seelisch kranken Mitbürger dieser Gemeinden. Solche Arbeit ist dann besonders sinnvoll, wenn dem Bedürftigen nicht nur erst in einer aktuellen Notsituation Beistand zuteil wird, sondern wenn ihm schon vorher die Möglichkeit geboten wird, mit neuem Mut und neuer Kraft wieder am gesellschaftlichen Leben teilzunehmen – gelöst, ja erlöst aus erlittener Vereinsamung.

Das Bedürfnis nach solchem Lebensbeistand gründet sich nach den Erkenntnissen der Fachleute nicht nur auf die Veränderung der körperlichen und geistigen Kräfte in den Jahren des Reifens oder des Alterns. Alle Hilfsbedürftigen haben ein Verlangen nach mitmenschlichen Kontakten und neuen Anregungen. Aufgabenbereiche solcher „Sozialstationen" sind die sozial-, alten- und krankenpflegerische Betreuung und Versorgung, die Obhut für Langzeitkranke wie auch ein „Mahlzeitdienst", als oft einzige mitmenschliche

Hl. Christophorus, um 1435
Konrad Witz
um 1400/1410–1445/1446
Basel, Kunstmuseum

Kontaktnahme für sonst hoffnungslos Vereinsamte. Diese kleine Sozialstation – von denen es mittlerweile Tausende in der Bundesrepublik gibt – brachte es in einem Berichtsjahr immerhin auf ca. 1200 Besuche und über 6.000 Pflegetage. Das Auto des 'Mahlzeitendienstes' legte fast 13.000 Kilometer zurück, und fünf weitere Wagen fuhren rund 125.000 Kilometer zu den vielfältigen Betreuungsdiensten. Dabei umfaßte der Stellenplan lediglich einen ehrenamtlichen Krankenpfleger als Leiter des Teams und zehn angestellte Mitarbeiter, denen noch acht ehrenamtlich Tätige zur Seite standen. Belastet hat diese in so hohem Maß – körperlich wie seelisch – beanspruchende Gemeinschaftshilfe in dem Berichtsjahr (1976) die Bevölkerung jenes Landkreises mit nicht mehr als DM 1,94 pro Kopf: also weniger als den Preis für eine Zigarettenpackung. Wahrhaftig ein geringer Betrag im Vergleich zu der Freude und Hoffnung, die dadurch verbreitet wurden. Zwei Zahlen, die die Bundesrepublik betreffen, lassen aufhorchen. Man schätzt die Zahl der psychisch Kranken, die der Betreuung bedürfen, auf eine Million – sie dürfte aber wesentlich höher liegen –, die der unheilbar Kranken, die ständigen Beistand brauchen, auf 400.000: nachdenklich stimmende Zahlen im Hinblick auf das, was noch zu tun übrig bleibt.

Ebenso bedeutsam wie die amtlich und ehrenamtlich erbrachten Leistungen und Hilfen sind die oft heroischen Beispiele, die die vom Schicksal hart Betroffenen selbst ihren Mitmenschen geben: die beiden folgenden können nur für viele Zeugnis ablegen.

Zeitungen und Zeitschriften bringen immer wieder ungewöhnliche Beispiele, bei denen Hoffnung und Zuversicht eine entscheidende Rolle spielen. Von einem solchen Ereignis, das Mitte Mai 1974 in New York seinen Anfang nahm, berichtete unlängst ein amerikanisches Magazin. Alfred Bold, ein Angehöriger der New Yorker Berufsfeuerwehr, beobachtete vom Fenster seines Dienstzimmers aus, wie ein Tankwagen vorfuhr und sich anschickte, Benzin in den Tank im Keller des Feuerwehrgebäudes zu pumpen. Dabei erinnerte er sich, daß sie seit einiger Zeit Ärger mit einer defekten Entlüftungsleitung des Behälters hatten. Er ging in den Keller, um zu kontrollieren, ob die Leitung ordnungsgemäß verschlossen war. Beim Öffnen der Kellertür schlugen ihm intensive Benzindämpfe entgegen. Bold stürzte die Treppe hinunter und sah, daß Benzin aus dem Tank auf den Boden floß. Geistesgegenwärtig lief er wieder nach oben und rief: „Zigaretten aus, Benzin im Keller". Zugleich fiel dem anwesenden Zugführer ein, daß im gleichen Keller ein Heizkessel mit automatischer Einschaltung sei, die sich trotz der milden Witterung jeden Moment selbst betätigen könnte. Beherzt eilte Bold als erster in den Keller. Nur wenige Meter trennten ihn noch von dem Schalter, als er das kurze Geräusch hörte, durch das die Anlage mit einem Stromkontakt in Gang gesetzt wurde. Flammen züngelten bereits über dem Kellerboden, als die beiden wieder nach oben hasteten. Bold war schon an der Kellertür angelangt, da explodierte der Behälter. Der Druck schleuderte ihn gegen die Tür, die im selben Augenblick aus der Wand flog. Auf dem Pflaster liegend merkte er, daß seine damals zur Ausrüstung gehörende Hose aus Kunststoff brannte, dann schmolz und mit der Haut verklebte. Bis seine Kollegen ihn bemerkten, vergingen mehrere Sekunden.

Als der Wasserstrahl ihn traf, war es für den Verletzten die größte Erleichterung, die er je verspürt hatte. Im Krankenhaus sah Bolds Frau Joan sofort, daß ihr Mann in sehr ernster Gefahr schwebte. Er war bei klarem Verstand, obwohl nach Schätzung der Ärzte 80 Prozent der Haut zerstört waren. „Ich ging zu ihm herein", erzählte Joan später, „er sah auf und sagte: 'Keine Angst. Ich schaffe es schon. Das verspreche ich Dir.'" Der Verlauf der dramatischen Entwicklung sollte später zeigen, daß es neben der ärztlichen Kunst letztlich die Hoffnung und die Zuversicht waren, die das Unglaubliche nach einem Jahr wahr werden ließen. Der Chefarzt der Spezialstation glaubte nicht an eine Rettung. So schwere Verbrennungen endeten fast immer tödlich, wenn nicht sofort, dann meist später. Bald schwollen die Beine des Patienten so rasch an, daß man fürchtete, die Schwellungen könnten den Kreislauf unterbrechen und einen Wundbrand auslösen. Durch lange tiefe Einschnitte in die Muskulatur wurde versucht, den Druck zu verringern. Der Patient verlor literweise Flüssigkeit, so viel von seiner Haut war verbrannt. Tag und Nacht mußten ihm beständig Blutplasma und andere Flüssigkeiten zugeführt werden. Um Bold vor den zu erwartenden Infektionen zu schützen, wurde er in ein Isolierzimmer verlegt. Schwestern und Ärzte hatten sich zu kleiden wie zu einer Operation, alle drei Stunden mußten die Verbände gewechselt und das abgestorbene Körpergewebe entfernt werden. Die Schmerzen bei diesen Prozeduren waren so stark, daß sie nur unter Narkose durchgeführt werden konnten. Am Ende des Monats war der Verunglückte dem Tode nahe. Bakterien waren erst in das Blut gelangt, dann in die Lunge vorgedrungen und hatten eine Lungenentzündung ausgelöst. Zudem handelte es sich um eine Bakterienart, die gegen fast alle Antibiotika resistent war.

Von Ende Mai bis Anfang Juni überstand Bold drei Lungenentzündungen. Er wog jetzt nur noch 58 Kilo, 30 Kilo weniger als am Tag des Unfalls. Obwohl man „kubikmeterweise Flüssigkeit in den Patienten hineinschüttete", nahm er zusehends ab. Nichts konnte ihn warm halten, nichts seine Körperflüssigkeit festhalten. Hautverpflanzungen waren notwendig. So viel Haut wie bei dem 75–80prozentigen Verlust nötig ist, war nicht leicht zu beschaffen. Da stürzte am 12. Juni ein 34jähriger Feuerwehrmann bei dem Versuch, ein älteres Ehepaar vom Dach eines brennenden Hauses zu retten, tödlich ab. Seine Witwe erlaubte die Hautüberpflanzung für den Kollegen ihres Mannes, von dessen Qualen sie gehört hatte. Die Lungenentzündung wurde glücklicherweise unterdrückt, und dank der bis zu drei Wochen von seinem Körper akzeptierten fremden Haut nahm Bold nicht mehr weiter ab.

Den ganzen Sommer blieb er auf der Isolierstation, war nur halb bei Bewußtsein und hatte, was bei Verbrennungen nicht selten ist, schreckliche Halluzinationen. Ende Juni begann man in mühseliger Kleinarbeit den Körper des Patienten wiederherzustellen. Es war zwar kaum Haut zum Verpflanzen da. Deshalb benutzte man eine neue Technik, bei der die Haut auf das Dreifache ihrer normalen Fläche gedehnt wird. So kam man mit der Wiederherstellung der Hände und Beine gut voran. Über zwanzig Liter Blut wurden während der Operationen benötigt.

An die ersten sechs Monate konnte sich Bold so gut wie garnicht erinnern. Mit Hilfe seiner Frau, die von morgens bis abends im Krankenhaus war und ihn versorgte, fand er allmählich wieder in die Wirklichkeit zurück. Bis Dezember hatte er etwas zugenommen. Da er wieder etwas mehr Haut hatte und sich die Infektionsgefahr dadurch verminderte, konnte er die Isolierstation verlassen.

Im April 1975, fast ein Jahr nach dem Unfall, saß Bold in voller Uniform in einem Rollstuhl, während sich seine Kameraden im Krankenhaus versammelten, um dem Chefarzt für die Rettung ihres Kollegen zu danken, die allerdings zu einem guten Teil nur Wirklichkeit werden konnte, weil das Versprechen und die Zuversicht, durchzuhalten, am Beginn gestanden hatten.

David Hartmann, ein mit einer Linsentrübung gebo-
rener Junge, erblindete im Alter von acht Jahren.
Danach standen die Eltern des öfteren vor der Frage,
ihren Sohn einerseits nicht zu verzärteln, andererseits
ihn davor zu bewahren, sich an Dinge zu wagen, die
seines Leidens wegen von vornherein aussichtslos
waren. Wenn David die Frage stellte, ob er dies oder
jenes tun könnte, zum Beispiel Baseballspielen, schlug
der Vater vor: „Na, versuchen wir's mal" – und zu-
sammen entwickelten sie eine praktikable Methode.
Der Vater rollte den Ball auf der Erde auf David zu,
und David lernte das Schlagholz gebrauchen und den
Ball fangen, den er durch das Rascheln des Grases auf
sich zukommen hörte. Auf ihre Weise trugen so alle
Familienmitglieder dazu bei, David zu möglichst weit-
gehender Selbständigkeit zu verhelfen. Er wurde dazu
gebracht, sein Gebrechen nicht als Unglück, sondern
eher als eine ärgerliche Störung zu betrachten. Schließlich gewann er auf diesem Wege die Überzeugung,
alles zu können, wenn er es sich nur fest vornahm.
Mit dreizehn Jahren ließ er seine Eltern wissen, daß er
Arzt werden wolle. Seine Frage an den Vater, daß er
ehrlich glaube, daß er diesen Beruf ergreifen könne,
brachte den Vater in Verlegenheit. Ob eine Universität
je einen blinden Medizinstudenten annehmen würde,
war mehr als zweifelhaft. Andererseits meinte er einen
aktiven Jungen wie David nicht schonungslos aus
seinen Zukunftsträumen reißen zu dürfen. Also entgegnete er ihm schließlich: „Ob du Arzt werden
kannst? Nun, so etwas weiß man nie, wenn man's nicht
versucht hat."
David begann sich auf sein Ziel vorzubereiten. Zunächst erzwang er seinen Abgang von der Blinden-
schule und den Wechsel auf eine höhere Lehranstalt.
Er brachte gute Zeugnisse nach Haus, beteiligte sich
in der Schulmannschaft der Ringer und wurde im
letzten Schuljahr zum stellvertretenden Vorsitzenden

des Schülerausschusses gewählt. Nach dem Schulabgang redeten die Studienberater ihm zu, ein Fach zu wählen, das seinen Möglichkeiten besser entspreche. Als er den Widerstand spürte, brachte er sein überzeugendstes Argument vor: „Wissen Sie", entgegnete er, „ich unterscheide mich garnicht von den anderen Studenten. Zwar kann ich nicht sehen, aber irgendwelche körperlichen Mängel hat doch jeder. Am meisten behindert, glaube ich, sind doch diejenigen, die aus ihrem Leben nichts besonderes machen wollen. Ich möchte Psychiater werden, weil ich der Überzeugung bin, daß ich ein guter Psychiater werden kann – besonders in der Rehabilitierung von Patienten mit ähnlichen Problemen, wie ich sie habe. Ich möchte also Medizin studieren und zähle darauf, daß ich hier im College in Gettysburg anfangen kann."

Nach diesem Gespräch wurde der über die Aufnahme mitentscheidende Professor sein bester Verbündeter. Nach vier Studienjahren ging David Hartmann mit einem hervorragenden Abschlußzeugnis vom College in Gettysburg ab und bewarb sich bei zehn Universitäten. Neun davon erteilten ihm eine Absage, lediglich die Entscheidung der zehnten, der Temple-Universität in Philadelphia stand noch aus. Der dortige Prodekan legte seinen Kollegen in der Zulassungskommission Davids Fall befürwortend ans Herz, weil er bis dahin bereits das Unmögliche möglich gemacht habe und man abwarten sollte, wie weit er es mit seiner Haltung noch bringen würde.

Mit dem praktischen Studium begannen zunächst schier unüberwindlich erscheinende Probleme. In der Anatomie konnte er zwar leicht die Lage und die Form der großen Organe feststellen; um kleinere Teile zu identifizieren, mußte er die bloßen Hände gebrauchen, die bald durch das für die Konservierung der Körperteile verwendete Formalin taub wurden. Noch schwieriger war das Untersuchen von Gewebestrukturen in der Histologie. Lehrer und Kommilitonen beschrieben dem beliebten Mitstudenten, was sie mikroskopisch sahen, und David verließ sich auf sein ausgeprägtes

Fingerspitzengefühl beim Abtasten erhabener Zeichnungen, die sein Professor für ihn fertigte. Tonbänder von unzähligen Fachbüchern vermittelten ihm den Lehrstoff. Im Frühjahr des ersten Universitätsjahres heiratete David eine Kommilitonin, Cheryl, die sich zu dem ungewöhnlichen Studenten hingezogen fühlte. Nach einem ruhigen Sommer häuften sich die Schwierigkeiten. Um bei sechs Vorlesungen pro Tag mitzukommen, nahm er sie alle wörtlich auf ein Tonband auf, spielte zu Hause die Bänder ab und diktierte dann Zusammenfassungen in ein zweites Gerät. Jede einstündige Vorlesung kostete ihm bei diesem Vorgehen zwei Stunden, also täglich zwölf Stunden Hausarbeit. Im dritten Studienjahr, in dem am Krankenbett gearbeitet wird, türmten sich neue Schwierigkeiten auf. Es war ihm unmöglich, ohne die Hilfe seiner Kollegen Röntgenbilder zu lesen, Augen-, Ohren- oder Munduntersuchungen vorzunehmen oder die Art eines Hautausschlages zu erkennen. Dafür besaß er jedoch andere besondere Fähigkeiten. Wegen seines hochentwickelten Gehörs konnte er besonders gut mit dem Stethoskop umgehen, mit seinem empfindsamen Tastsinn erfühlte er die geringsten pathologischen Veränderungen. Seine hervorstechendste Eigenschaft war: er konnte gut zuhören, er ersetzte sein mangelndes Sehvermögen dadurch, daß er sich von den Patienten ausführlicher als üblich berichten ließ und dadurch auf Feinheiten der Diagnose kam, sodaß er sich bei der Prüfung seiner Diagnostikkenntnisse als einer der Besten qualifizierte. 1976 bestand David Hartmann das Staatsexamen.

Dr. David Hartmann, der heute im Krankenhaus der Temple-Universität arbeitet und sich auf seine fachärztliche Prüfung vorbereitet, brachte in einem kurzen Dankwort sein Mitgefühl und seine Wertschätzung für all diejenigen zum Ausdruck, die gegen ein schweres Schicksal kämpfen, und zitierte dabei die Worte, die ihm Leitspruch und Ansporn waren:

„Mein Vater hatte recht: so etwas weiß man nie, wenn man's nicht versucht hat."

Ein dichtes Netz fürsorglicher Einrichtungen spannt sich über das ganze Land – vom Staat, von den Städten, von den Kirchen geknüpft. Alle wollen dazu beitragen, versiegende Lebenskräfte zu erneuern, zu „rehabilitieren", frischen Lebensmut zu wecken.

Dazu gehört ein gut ausgestatteter, moderner Gesundheitsdienst, der nicht nur Heiminsassen, sondern allen älteren und behinderten Bürgern zur Verfügung stehen soll. Einer der jüngsten Zweige der Medizin, die Geriatrie, die Lehre von der Verhütung und Heilung der Alterserkrankungen, hat in den letzten drei Jahrzehnten erstaunliche Fortschritte gemacht. Nicht nur ein gesellschaftliches Beisammensein bei Kaffee und Kuchen und Unterhaltungsspielen, sondern eine Fülle von Anregungen, die manchem in seinem ganzen Leben bisher nicht gegeben waren, werden angeboten: das reicht von einer Buchausleihe bis zu einem Funk- und Fernsehkreis, von einem Filmklub mit oder ohne Diskussion bis zu Gesprächsrunden über Fragen der Zeit, von handwerklich-künstlerischen Betätigungen wie Basteln, Malen und Zeichnen bis zum Handarbeiten und Schneidern, vom Sprachkurs bis zum Gedächtnistraining, vom Kochlehrgang bis zur Diätkunde, von einer Theatergruppe bis zu Führungen durch Museen, Ausstellungen und Galerien. Wenn man es recht bedenkt und nicht nur romantisch sieht, war es doch einst ziemlich elend, auf das sogenannte „Altenteil" gesetzt zu werden: heute steht in unserem Lande der geistige Reichtum der Welt jedem offen, jedem, der die Lust, die Kraft und die Aufgeschlossenheit dafür besitzt, davon Nutzen zu ziehen.

Zumindest sind viele gute Voraussetzungen dafür gegeben. Der heutige Mensch ist in der industrialisierten und technisierten Welt ein erheblichem Maße eingeengt. Der Beruf zehrt mit einem starken Leistungsanspruch an seinen Kräften. Steigende Ansprüche wollen immer aufs neue befriedigt werden. Viele sind gehetzt, überstrapaziert. Was einst an Bescheidung, Genügsamkeit, Zufriedenheit so etwas wie einen Seelenfrieden schenkte, vielleicht sogar ein echtes und dauerhaftes Glück, ist heute mit der Lupe zu suchen. Die Menschen tragen Masken: sie meinen „mitspielen" zu müssen, mehr sein zu sollen, als sie sind – dem Nachbarn, dem Kollegen, der Bekanntschaft gegenüber nicht zurückstehen zu dürfen. „Wer angibt, hat mehr vom Leben, bemerkt der immer kritisch-schlagfertige Volksmund dazu treffend.

Jene physische und psychische Gefangenschaft ist die Ursache vieler Unruhen in dieser Zeit: Tag für Tag, Woche für Woche, Monat für Monat und Jahr für Jahr dieselben monotonen Handgriffe und Dienstleistungen ausführen zu müssen – nur um des Ansehens oder Fortkommens willen. Kann man es der Jugend verdenken, wenn sie gelegentlich aus diesen Zwängen ausbrechen will? Zu Betäubungsmitteln greift? Oder ostasiatischen Heilslehren erliegt? Gefangenschaft in vielen Institutionen bei uns: wen wundert es, daß die Sekten mit ihren Erlösungs-Verheißungen nur so aus dem Boden sprießen, daß die Massen jeder neuen Glückseligkeitsversprechung willig Gefolgschaft leisten? Es gibt heute keine Narretei, der nicht bei entsprechender Propaganda Enttäuschte, Verzagte, in ihren Kräften Gehemmte in Massen zuströmen.

Im Gegensatz zu den Machenschaften sektiererischer Verführer, die sich besonders auch bei älteren Menschen einzuschmeicheln verstehen und sie zudem oft um ihr Geld bringen, kosten jene Kurse und Unterhaltungen, die neue Lebensinhalte und anregende Aspekte erschließen, nur wenig oder sind sogar gebührenfrei. Voraussetzung ist allerdings, daß man sich selbst bemüht, das Interesse am Mitmenschen und an der Umwelt nicht erlahmen zu lassen.

Einer unserer besonders wachsamen Psychiater zieht alljährlich im deutschen Fernsehen ein Fazit. Er läßt eine Anzahl gesprächsbereiter Menschen aus allen Schichten von ihren Hoffnungen und Enttäuschungen, von ihren Glückserwartungen und Erfüllungen in der vergangenen Zeitspanne berichten. Da er so aufmerksam zuhörend wie vorsichtig mit leisen Gebärden ermunternd kaum merklich seine Partner zu offener Äußerung anregt, kommen erstaunliche Ergebnisse zutage: Wunschträume, Wunscherfüllungen. Es sind leise Ergebnisse, stille, unterschwellige – sie kommen sonst in unserer von Lärm erfüllten Zeit kaum zu Gehör. Sie betreffen auch keinerlei weltpolitische oder sonst weitgreifende Ereignisse, sondern sind privater Natur: den Schulgang des Kindes und seinen Jahresabschluß, Familiäres im engsten Lebensbereich, keinerlei Elend in der Dritten Welt oder anderwärts. Ein erschütterndes Zeugnis legte dabei eine junge Arbeiterin in einem Elektrokonzern ab: ihr letztes, für sie bedeutendstes Berufserlebnis sei gewesen, im vergangenen Jahr statt mit grauen Elektronikelementen nun mit grünen hantieren zu dürfen, das heißt, sie nur aneinanderzufügen, und das sei eine sie besonders beglückende Abwechslung gewesen – der Traum ihres Lebens dann noch: sich einmal einen Pelzmantel leisten zu können.

Wie wenig wissen wir doch von den Kümmernissen unseres Nebenmenschen, und wie wenig bemühen wir uns darum, ihm vielleicht etwas mehr Anregung, Zuspruch, Ermunterung zukommen zu lassen, eine Freude zu bereiten, ihm vielleicht sogar neue Perspektiven zu eröffnen? Aus Engpässen, die in die Verzweiflung führen können, zu neuen Zielen anzuregen? Wie oft vermelden die Zeitungen, daß ein Verstorbener tagelang oder gar wochenlang in seiner Wohnung gelegen hat und keiner der Nachbarn sich kümmerte – wie denn überhaupt die Gemeinsamkeiten, die einst

Mädchen mit verschränkten Armen
Paula Modersohn-Becker
1876–1907

im Dorf oder in der Kleinstadt miteinander verbanden, in der Großstadt weitgehend nicht mehr vorhanden sind. Jeder meint mit sich selbst genug zu tun zu haben, und oft ist das auch wirklich der Fall.

Dennoch: viele Nöte ließen sich mit einem kleinen Maß gern gewährter Freundlichkeiten lindern. Einsamkeit ist eine Krankheit, die weiter verbreitet ist, als man gemeinhin ahnt. Sie hat manche Ursachen, die sich nicht sämtlich beheben lassen. Da ist einmal der Gegensatz der Generationen, der noch nie so wie in dieser raschlebigen Zeit aufgebrochen ist – er kann aus weltanschaulichen, aus politischen Meinungsunterschieden entstehen, aus gegensätzlichen Lebensauffassungen, die nicht mehr miteinander zu vereinbaren sind und die Kinder früh dazu bewegen, das Elternhaus zu meiden oder es gar ganz zu verlassen. Die Jugend ist heute früher selbständig als einst und verlangt bald nach mehr Unabhängigkeit und mehr Freiheit.

Die Anziehungskraft der großen Städte ist immer noch beträchtlich, die Enge des Dorfes noch spürbarer geworden – letzteres auch im Zusammenhang mit dem Rückgang des Kleinbauerntums wegen der Mühsal und der unbefriedigenden Ertragslage: nur der große Hof, voll mechanisiert und spezialisiert und mit wenigen Händen zu bewirtschaften, ist noch lebensfähig, und so wandern auch hier die Heranwachsenden ab. Die einst so viel beschworenen „Bande des Blutes" erweisen sich nicht mehr als so verbindend, und die sorgende Großmutter im Haus ist selten geworden. Die Mobilität im Berufsleben trägt das ihre dazu bei, festere, dauerhaftere, treuere Zusammenhalte zu verhindern: man verliert sich bald aus den Augen, wie man zu sagen pflegt. Auch der persönliche Brief, die schriftliche Zwiesprache als Zuspruch ist selten, und so türmt sich bald die Sorge auf, alt zu werden und allein zu sein. Nicht jeder versteht es, sich allein da am eigenen Schopf herauszuziehen.

Allerdings muß hierzu auch etwas Einschränkendes hinzugefügt werden. Sofern Einsamkeit nicht durch

eine psychische Erkrankung bedingt ist, darf sie in

manchen Fällen auch als selbstverschuldet angesehen werden – wenn nicht schon frühe Erziehungsfehler begangen wurden. Die Anregungen, die von einem Elternhaus ausgehen, sind in hohem Maße lebensbestimmend. Die dort geweckten, dort übermittelten Interessen sind von entscheidender Bedeutung. Das beginnt mit der Art und Weise, wie das Kind behandelt und als Eigenwesen respektiert wird. Es setzt sich fort im Spiel mit ihm und wie man seine Neugier auf die Welt beantwortet. Überhaupt: Neugier auf die Welt. Sie ist der entscheidende Faktor in aller Pädagogik. Wer von frühester Jugend an einen offenen Blick auf seine Umwelt besitzt, wird nie allein sein oder sich allein vorkommen.

Ein wesentlicher Vorzug dieses Jahrhunderts, wenn nicht *der* wesentliche überhaupt, ist die Aufschließung, die es bietet und zu seiner Bewältigung allerdings auch verlangt. Wissen und erfahren kann man nicht genug. Alle Probleme dieser Erde liegen morgens mit der Frühstückszeitung auf dem Tisch und gewinnen durch das Fernsehen noch an Eindrucksstärke. Wer möglichst jung an möglichst vielem teilnimmt und in enger Berührung mit dem Zeitgeschehen aufwächst, besitzt einen Schatz, der lebenslang hohe Zinsen einbringt. Vielseitigkeit der Interessen erhält jung, läßt Langeweile garnicht aufkommen. Später im Beruf und im privaten Leben ist sie ein Reichtum ohnegleichen – nicht nur im Hinblick darauf, daß auch im Arbeitsprozeß die Notwendigkeit einer Umschulung immer häufiger wird. Wer in vielen Sätteln gerecht ist, reitet leichter.

Neugier auf die Welt. Noch nie war es so leicht, sie reisend unmittelbar erlebend zu erfahren. Es fängt bereits mit den Chancen der Jugendreisen an, fremde Länder kennenzulernen, fremde Sitten, fremde Sprachen zu erlernen. Träume können erfüllt werden, die einst nie zu wagen waren und heute mit relativ geringen Mitteln zu verwirklichen sind.

Daß sich im Reifungsprozeß des jungen Menschen Kräfte ansammeln und stauen, ist selbstverständlich.

Sie können eine Lebenshilfe ohnegleichen sein. Sie bewahren ihn vor jeglichem Gefühl einer Monotonie, sie erhalten ihn auch später elastisch und befähigen ihn zu Beschäftigungen, die gesunde und fruchtbare Gegengewichte bilden können. Welche erstaunlichen Ergebnisse diese in der Jugend schlummernden Kräfte zutage fördern, zeigt seit zwölf Jahren der europaweite Wettbewerb „Jugend forscht". Er ist eine gemeinnützige Einrichtung, eine Art Olympiade des Geistes, ein Wettstreit, in dem bereits Schüler ein frühes wissenschaftliches Leistungsvermögen untereinander messen. Der große Erfolg dieser Veranstaltung, die zunehmend stärkere Beteiligung sind nicht allein mit dem Wunsch nach Anerkennung und Belohnung zu erklären. Vornan steht das Bestreben, über die Grenzen der Lehrbücher hinaus vorzustoßen zu neuen Erkenntnissen und selber neues Wissen zu erwerben. Was könnte es Reizvolleres geben als eine immerwährende schöpferische Neugier?

Einer der anregendsten und bedeutendsten Philoso-
phen unserer Zeit war Bertrand Russell. Aus einer
berühmten englischen Adelsfamilie stammend, hat er
bei seinem Tode 1970 das erstaunliche Lebensalter von
98 Jahren erreicht, bis zuletzt im Vollbesitz seiner
geistigen und körperlichen Kräfte und immer wieder
noch aktiv am geistigen und politischen Leben der
Welt teilnehmend. Vor dem Ersten Weltkrieg lehrte er
an der Universität Cambridge, kam während dieses
Krieges ins Gefängnis, weil er als leidenschaftlicher
Pazifist zur Kriegsverweigerung aufgerufen hatte, und
lebte dann als freier Schriftsteller, der mutig, eigenwillig
und witzreich zu den wichtigen Fragen der Zeit Stel-
lung nahm. Gastprofessuren führten ihn nach Harvard,
London, Oxford, Peking, Chicago, Los Angeles. Für
sein umfangreiches literarisches Werk, das ihn in aller
Welt berühmt gemacht hat, erhielt er 1950 den Nobel-
preis. So eigenwillig und souverän, wie er gelebt und
gelehrt hat, so interessant ist sein Rückblick auf das,
was er gewollt und geleistet hat: er schrieb ihn, als er
das Alter von 80 Jahren erreicht hatte. Vernünftiger-
weise konnte er annehmen, daß er seine Hauptarbeit
nunmehr hinter sich habe und daß alles, was ihm zu
tun noch übrig bleibe, weniger wichtig sei.
Schon seit seiner Jugendzeit hatte er sich zwei verschiedenen Aufgaben zugewandt, die zunächst lange voneinander getrennt blieben und erst im höheren Alter
zu einer Einheit verschmolzen. Einmal wollte er als
Philosoph und Mathematiker herausfinden, was wirklich genau gewußt werden könne. Zum anderen wollte
er alles tun, was im Bereich seiner Möglichkeiten stand,
um eine glücklichere Welt für die Menschheit mitzu-
schaffen. Bis zu seinem 38. Lebensjahr setzte er alle
seine Kräfte für die erste dieser Aufgaben ein – mit
einer beträchtlichen Skepsis, wonach das meiste, was
als Wissen gilt, zu berechtigtem Zweifel Anlaß gibt.
Im Ersten Weltkrieg konzentrierten sich seine Gedan-

ken auf das menschliche Elend und die menschliche Narrheit, aus der es in seinen Augen entspringt.

Weder Elend noch Narrheit schienen ihm das unvermeidliche Los des Menschen zu sein. Er war überzeugt, daß Geist, Geduld und ernsthafte Bemühung früher oder später die Menschheit von den selbst auferlegten Qualen befreien würden – vorausgesetzt, daß sie sich nicht vorher endgültig selber vernichtet.

Wohl wurde sein Optimismus, als er älter wurde, etwas nüchterner. Dennoch wies er leidenschaftlich jede Schicksalsgläubigkeit und jeden Pessimismus von sich, wonach der Mensch nur für Schmerz, Not und Leid geboren sei. Zwar quälten immer Armut, Pestilenz und Hungersnot: aber sie seien auf die unzureichende Beherrschung der Natur durch den Menschen zurückzuführen. Zwar habe es ständig Kriege gegeben, Folterungen und Unterdrückungen: verschuldet aber allein durch die Feindseligkeit der Menschen gegenüber ihren Mitmenschen. Krankhaftes Elend, das oft herrschte, sah er genährt aus düsterer und fanatischer Glaubensleidenschaft, die die Menschen in nur tiefere innere Nöte stürzte und jeglichen äußeren Wohlstand nutzlos werden ließ. So appellierte er unermüdlich in Wort und Schrift an alle Kräfte der Intelligenz und rief sie auf, die Hoffnung in der Welt zu erhalten. Er widersetzte sich sämtlichen Parteidoktrinen: Neue Gedanken, neue Hoffnungen, neue Freiheiten und neue Beschränkungen der Willkür seien nötig.

Die Rückschau auf sein Lebenswerk und seine Leistung läßt ihn, den Propheten der Hoffnung und des Glücks, der Vernunft und der Friedlichkeit, im hohen Alter fragen: „Inwieweit war ich erfolgreich, inwieweit habe ich versagt?"

Er bekennt, daß er Anfang dieses Jahrhunderts – „ich wanderte allein im Tiergarten Berlins unter einer kaltglitzernden Märzsonne durch schmelzenden Schnee dahin" – beschloß, eine Reihe von Büchern zu schreiben, die von den verschiedenen Aspekten her der Menschheit die Augen öffnen und ihr hilfreich sein sollten. Diese Bücher habe er geschrieben: „Sie wurden bewundert und gepriesen und beeinflußten die Gedanken vieler Männer und Frauen in der Welt. Insofern war ich erfolgreich."

Er gesteht aber auch zwei Arten des Versagens ein, eine äußerliche und eine innerliche. Um mit dem äußeren Versagen zu beginnen: Der Tiergarten wurde eine Wüste; das Brandenburger Tor, durch das er an jenem Märzmorgen schritt, wurde zur Schranke zwischen zwei Machtbereichen, die sich über diese Barriere hinweg mißtrauisch-feindlich anstarren und grimmig den Ruin der Menschheit vorbereiten.

Das innere Versagen: Der Prophet zog aus im Glauben, die freie und mutige Liebe vermöge die ganze Welt ohne Kampf zu erobern und endete in einem bitteren und furchtbaren Krieg. „In dieser Beziehung war es ein Versagen."

Aber unter der Last des Versagens bewahrte Bertrand Russell noch immer etwas für sich, was er als Sieg empfand: „Ich habe gedacht, die Straße zu einer Welt freier, glücklicher und schöpferischer Menschen sei kürzer, als sie in Wirklichkeit ist; aber es war nicht unrichtig, zu denken, eine solche Welt sei möglich, und es ist darum auch der Mühe wert, in der Idee ihr näher zu kommen, sie anzustreben. Ich lebte persönlich und sozial in der Verfolgung einer Vision. Persönlich: um zu fördern, was schön, was gütig ist, um Augenblicke der Einsicht zu ermöglichen und in Zeiten der Oberflächlichkeit Weisheit zu suchen und zu finden. Sozial: um in meiner und in vieler Menschen Vorstellung die Gesellschaft zu erschaffen, in der der Einzelne frei wachsen kann und Haß und Gier und Neid aussterben, weil sie keine Nahrung finden.

An diese Hoffnungen glaube ich, und die Welt, wie schrecklich sie auch sei, hat nicht vermocht, mich hierin zu erschüttern."

Hunderte von jungen Leuten saßen fasziniert unter den Zuhörern seiner Reden, die der fast Hundertjährige auf dem Londoner Trafalgar Square hielt, um die Welt vor den Gefahren eines bedrohlichen politischen Weges zu warnen.

Bertrand Russell
1872–1970

„Ihr ahnt nicht, was ich Neues plane! Ich entdecke
Dinge, die ich niemals sah. Mir scheint, ich habe nie
verstanden, einen Himmel zu malen. Was ich vor mir
habe, ist viel rötlicher, tiefer, durchsichtiger – ach – ich
möchte euch unermeßliche Horizonte zeigen!"
Der diese Worte 1875 zu seinen Freunden sprach, in
seinem neunundsiebzigsten Lebensjahr, war der fran-
zösische Maler Camille Corot, einer der Wegbereiter
des Impressionismus. Sein Alter soll wie ein friedvoller,
sanft in die Dämmerung übergehender Sonnenunter-
gang gewesen sein. Die einstigen Weggefährten waren
gestorben, und es war einsamer um ihn geworden.
Doch ein Kranz von Verehrung umgab noch den guten
Père Corot: seine franziskanische Güte im Wohltun,
seine Freude am Schenken und am Lindern von Not
verklärte seine Gestalt. So hatte er, einer der liebens-
wertesten der französischen Malerei, einer der Stillen
im Lande, vielmals mit seinen Malutensilien Frank-
reich durchwandert und freigiebig Notleidende unter-
stützt. Als er hörte, daß der greise und blinde Zeichner
Henri Daumier aus seinem gemieteten Häuschen ver-
trieben werden sollte, kaufte er es, um es ihm zu
schenken.
„Vertrauen in die schöpferische Kraft" lautete sein
Wahlspruch, Vertrauen in sich selbst und in das Leben
mit seinen vielen Möglichkeiten, Gewissenhaftigkeit
in allem, was der Mensch und Künstler sich in diesem
Leben vornimmt und gestaltet. In diesem Sinne kom-
me man mit Vertrauen und Gewissenhaftigkeit – wenn
man sogar noch ein begabter Mensch sei – in diesem
Leben weit: zur reinen und reichen Erfüllung seiner
menschlichen und künstlerischen Existenz. Das Leben
Corots – es war das eines Menschen, der bis in sein
hohes Alter die Gnade erfuhr, ein Kind bleiben zu
dürfen, sofern Kindsein bedeutet: ursprünglich sein
und die Welt sehen so frisch wie am ersten Tag. „Kein
Mensch war glücklicher", schrieb ein Kunsthistoriker.

30

Selbstbildnis um 1835
Jean-Baptiste Camille Corot
1796–1875
Florenz, Galleria degli Uffizi

31

Verweilen wir ein wenig bei den Künstlern, zumal sie eine besondere Empfindsamkeit auszeichnet. Tizian, einer der großen Meister der Hochrenaissance, fast hundertjährig geworden, war ohne eine Spur der Ermattung bis in die letzte Zeit seines Lebens tätig. Philipp von Spanien bat ihn um immer neue „Poesien". Tintoretto, beeinflußt von ihm und Michelangelo, der bedeutendste des venezianischen Manierismus, 1518 bis 1594, in einem Furioso ohnegleichen zu neuen stilistischen Zielen strebend, steigert sich noch im hohen Alter: drei Jahre vor seinem Tode malte er für den Dogenpalast sein 22 Meter breites „Jüngstes Gericht" im Saal des Großen Rates – keine Wand war ihm zu breit. Ihm ähnlich Michelangelo, 1475 bis 1564, fast neunundachtzigjährig, im Alter immer schlichter werdend. Das Spätwerk kurz vor seinem Tod, unvollendet, die Pietà Rondanini, steht uns heute in ihrer rauhen, gestreckten Säulenstrenge am nächsten.

Freilich waren Tizian, Tintoretto und Michelangelo mit einer erstaunlichen Gesundheit und ungestörten Schaffenskraft gesegnet. Aber auch zeitlich näherliegende, genauer bekannte und belegte Beispiele ungebrochener, sogar gesteigerter Schaffenskraft seien als Zeugnisse erwähnt. Sie erreichten ebenfalls im späten Alter ihre reifsten Leistungen.

Auguste Renoir malt in seiner Spätzeit vor allem Frauen und Mädchen von naturhafter Anmut und heiterer Sinnlichkeit. Er selbst, fast 78-jährig, ist schmächtig, bis zur Durchsichtigkeit zart, die Gicht quält ihn, die Beine versagen, und die Finger werden ihm steif. Mit dem Rollstuhl läßt er sich zu seinem Modell oder Motiv fahren, man bindet ihm die Pinsel an die gichtige Hand: „Doch dieser Hand entquellen" – woher anders als aus noch schlummernden Kräften – „wie aus einem magischen Füllhorn in leuchtenden Harmonien die Blumen und Früchte der Jahreszeiten im Spiegel des Lichts – blaue Fernen hinter dem Silberlaub seines Gartens." Im Grunde, sagte er einmal, sei er ganz froh, an den Rollstuhl gefesselt zu sein. Nun werde er nicht mehr durch lästige Verpflichtungen gestört.

Als er einmal operiert werden sollte und im Krankenhaus lag, schickte er seine Frau nach Haus, um ihm sein Malgerät zu holen: er wollte die Blumen, die sie ihm gebracht hatte, malen, bevor sie verblühten.

Berlin NO, Weißenburger Straße 25. Eine Straße, trostlos, grau in grau, gesichtslos, schäbige Mietskasernen: dort in einem der Proletarierviertel im Nordosten der Weltstadt hatte im 2. Stock der Kassenarzt Dr. Karl Kollwitz seine Praxis, ein rechter Armenarzt, der in seiner Güte und Herzlichkeit viele seiner Patienten umsonst behandelte und ihnen dazu auch noch die Medikamente schenkte: was Wunder, daß die Kranken oft dicht das ganze Treppenhaus bis hinunter auf die Straße füllten und geduldig warteten. So von 1891 bis 1940, fast fünfzig Jahre lang, bis dieser unermüdlich tätige Menschenfreund ausgezehrt und abgemagert, nur noch ein Schatten seiner selbst, vor Entkräftung starb. Neben ihm lebte und arbeitete sechsundfünfzig Jahre lang seine Frau, Käthe Kollwitz. Sie darf als die bedeutendste Künstlerin angesehen werden, die Deutschland hervorgebracht hat: seit 1919 Mitglied der Preußischen Akademie der Künste, deren Meisteratelier für Graphik sie als Professorin seit 1928 vorstand. Ihr Ruhm reicht heute von Amerika bis China, Arbeiten von ihr, meist Radierungen und Lithographien, seltener Plastiken, finden sich in allen großen Museen der Welt. Ihr Thema, das einzige ihres Lebens, das sie immer wieder neu variiert hat: die Not der Armen, der Kranken, der Unterdrückten, der Hungernden und der Kampf gegen den Krieg – Bilder, erschütternd, anklagend, mahnend, fordernd, aufrüttelnd gegen die Trägheit des Herzens und die gesellschaftlichen Verhärtungen, gegen die Willkür der Mächtigen und die Unmenschlichkeiten der Gewalt.

Selten gab es – darin ihrem Manne gleich – einen Menschen, der nicht nur durch die Ausstrahlung seiner Persönlichkeit, sondern mit Rat und Tat so vielen geholfen hat und beistand. Es gibt keine bessere und treffendere Charakterisierung dieser ehrfurchtheischenden Frau als den Bericht eines jungen Malerfreundes, Werner Heldt: „Zum ersten Male sah ich sie 1937 in unserem Atelierhause in der Klosterstaße. Das Treppenhaus war matt erhellt vom Oberlicht. Ein altes Frauchen, gebückt, eine unscheinbare Handtasche unter dem Arm, stieg langsam, die Hand auf dem Geländer, die Stufen empor. Als ich sie einholte, sahen wir uns an, und ich erkannte Käthe Kollwitz. Meinen achtungsvollen Gruß erwiderte sie mit überraschend heller Stimme.

Sie führte ein stilles Dasein in unserem Hause. Bei dem Bildhauer Ludwig Kasper, mit dessen Frau sie herzlich befreundet war, lernte ich sie dann kennen. Man kann sich keine größere Schlichtheit, Stille, ja fast Schüchternheit vorstellen. Im Atelier einer befreundeten Malerin feierten wir ihren 70. Geburtstag. Nachher führte uns Käthe Kollwitz in ihr eigenes Atelier und zeigte uns ihr jüngstes Werk. Man sah ein junges Weib kauern und mit schützender Gebärde ihre Kinder an sich drücken.

Es war dies das Thema ihres Lebens. Niemals habe ich einen Menschen gekannt, der, ohne selbst ein Wort zu sprechen, durch seine bloße Gegenwart einen solchen Eindruck machte. Das war das Wunder einer ganz großen Mütterlichkeit. Man mußte sie ganz einfach liebhaben. Uns Jüngeren hat sie in den Zeiten der Unterdrückung Trost und Hoffnung gegeben, sie, die selber verfolgt und beleidigt wurde."

Zwei furchtbare Kriege mußte diese Mutter erleben; das Leid des ersten schon beeinträchtigte für immer ihre Gesundheit.

Der große naive Maler Henri Rousseau sagte einmal: „Wenn ein Herrscher Krieg will, so soll eine Mutter zu ihm gehen und es ihm verbieten!" Wer Käthe Kollwitz gekannt hat, wird über ein solches Wort nicht lächeln.

Dr. Karl Kollwitz war hochbetagt schon 1940 gestorben. „Wer Dich um Hilfe anging, dem warst Du bereit zu helfen, mit Deinem ärztlichen Können, mit seelischem Rat, mit Geld. Da warst Du nie zu müde, da war Dir nie eine Treppe zu hoch, da war Dir kein Patient zu hoffnungslos oder zu arm, und für jeden hattest Du

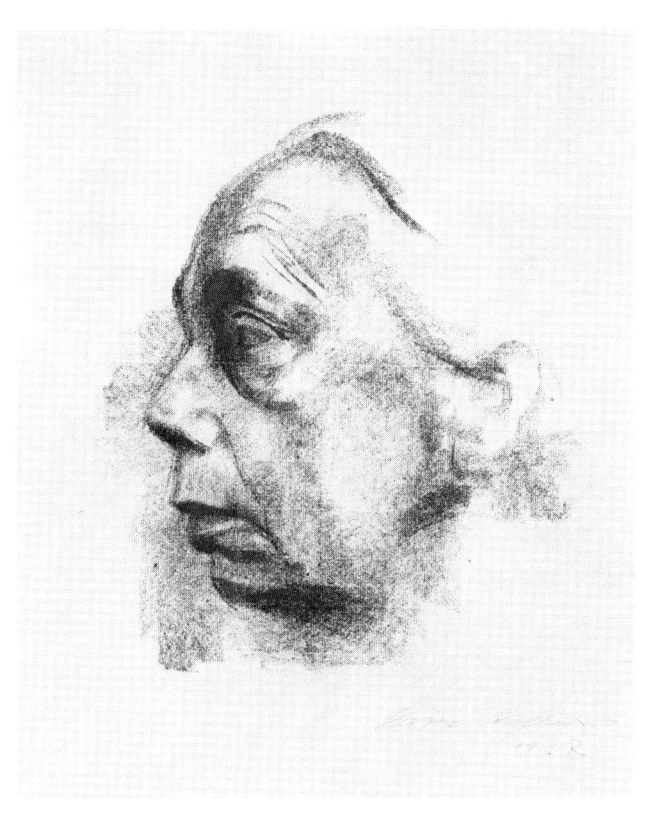

Selbstbildnis im Profil, 1927
Käthe Kollwitz
1867–1945

so viel Zeit, wie er brauchte... Und in den Nachtstunden, die Du dem Schlaf abgerungen hast, da rangst Du auch darum, Dich weiter zu entwickeln, im ärztlichen Wissen, in der Erkenntnis politischer und menschlicher Zusammenhänge, in der Klärung Deines Weltbildes und in dem Bestreben, alles, was es menschlich gibt, zu verstehen und ihm gerecht zu werden. Und dann wieder... trotz Deines Mißtrauens gegen das Leben... wie konntest Du Dich freuen, besonders, wenn Du anderen Freude gemacht hattest!" So hatte sein Sohn – gleichfalls Arzt – ihm am Grabe nachgerufen.

Vier Jahre später, am 22. April 1945, unmittelbar vor dem Ende des Zweiten Weltkrieges, der ihre letzten Kräfte aufgezehrt hatte, ist Käthe Kollwitz ihrem Lebensgefährten still nachgefolgt.

Welches andere Wort könnte über diesem Leben stehen, wenn nicht das ihrige: „Ich will wirken in dieser Zeit, in der die Menschen so ratlos und hilfsbedürftig sind."

Widmen wir noch ein weiteres Kapitel dem Thema künstlerischer Begabung – hier nicht den Großen der Kunst, die sich für immer in die Geschichte eingetragen haben, sondern einer Randgestalt, die dennoch besonders liebenswert Möglichkeiten schöpferischer Leistung sichtbar macht, die von manchem aus Vergnügen nachvollzogen werden können, aus Lust und Liebe am Gestalten, aus Freude an der Buntheit der Welt, aus dankbarer Erinnerung an ein reiches Leben – und sei es auch Mühsal und Arbeit gewesen. Gemeint ist die wundersame Entdeckung der Grandma Moses, einer Farmersfrau aus Greenwich im Staate New York, einer besonders fröhlichen Erzählerin aus der großen Familie der „Naiven", der „Sonntagsmaler". Ihre Geschichte klingt fast wie ein Märchen. Eigentlich Anna Mary Robertson geheißen, wurde sie 1860 nicht weit von dem Ort geboren, wo sie dann gewohnt hat. Bis zu ihrem achtzigsten Lebensjahr verlief ihr Dasein, ihr Alltag wie der typischer amerikanischer Bäuerinnen. Früh, mit elf Jahren verdingte sie sich als Bauernmagd, heiratete mit siebzehn, brachte zehn Kinder zur Welt, von denen fünf jung starben. Mit dem unermüdlichen Fleiß der gesamten Familie schaffte sie es, anfangs dieses Jahrhunderts eine eigene kleine Farm zu erwerben. Der Mann starb 1928, die Kinder übernahmen die Arbeit, danach die Enkel, und Urenkel gab es schließlich dreißig.

In all diesen Jahren war für Anna Mary Robertson Moses nichts als unablässige und schwere Arbeit in Haus und Hof zu leisten. Ihren Lebensabend hatte sie sich als einen stillen Ausklang dieser mühevollen Jahrzehnte vorgestellt. Doch es sollte ganz anders kommen. Schon beinahe achtzigjährig, gewann sie die Erkenntnis, daß es noch zu früh sei, sich in Ruhe zurückzuziehen.

Zwar taugten ihre Hände, wie sie sagte, nicht mehr zu „ordentlicher" Arbeit, aber sie seien gut genug zum –

Grandma Moses
Anna Mary Robertson Moses
1860–1961
im Alter von 95 Jahren

Malen. Schon von Jugend an hatte sie zu ihrem eigenen Vergnügen und dem ihrer Familie Bildchen gemalt, die sie den Nachbarn oder dem Briefträger schenkte. Jetzt wollte sie das Malen ernsthaft betreiben. Also wandte sie sich an ein Versandhaus und erhielt eine erste Sendung Pinsel und Farben. Keine Leinwand, dafür war sie zu sparsam. Für ihre ersten Bilder nahm sie Sackleinwand oder ein Stück Wachstuch, Verpackungsmaterial.

Zunächst wählte sie bunte Postkarten, die ins Haus flatterten, eine, die den Vesuv zeigt oder das Schloß Chillon am Genfer See. Diese Motive suchte sie nach alter amerikanischer Tradition nachzusticken, aber das strengte ihre verarbeiteten Hände sehr an. Sie litt an Arthritis. So beließ sie es beim bequemeren Malen. Doch waren das noch längst keine Kunstwerke.

Erst als die alte Frau sich von diesen Vorlagen frei machte, sich der eigenen Vorstellungskraft überließ und sie bildhaft zu gestalten verstand, gelangen ihre ersten „Grandma-Moses-Bilder". Je mehr sie sich an ihr weit zurückreichendes Gedächtnis hielt, umso schöner gelangen sie ihr – nun voll eigener Lebensweisheit heiteren Darüberstehens. Als sie eine Anzahl von Bildern beisammen hatte, schickte sie sie, zugleich mit selbst hergestellter Marmelade, auf eine landwirtschaftliche Ausstellung, die mit einem Wohltätigkeits-Basar verbunden war. Sie hegte auch keine sonderlichen Hoffnungen, hätte aber gern etwas für ihre Arbeiten erlöst. Doch die Bilder wurden nicht beachtet. So brachte sie dann einige davon in einen Allerweltskaufladen im benachbarten Hoosick Falls, und dort verstaubten sie ein Jahr lang in der Auslage – bis im Jahr 1938 ein New Yorker Ingenieur auf einer Geschäftsreise durch den kleinen Ort kam.

Er wollte sich ein Medikament gegen Kopfschmerzen kaufen und sah die Bilder. Da er ein Sammler von Volkskunst war, interessierten sie ihn. Sie gefielen ihm, und so erfuhr er, daß sie von einer alten Frau gemalt seien, ihr Name sei Mrs. Moses. Der Ingenieur kaufte sämtliche Bilder der Auslage, das Stück für wenige Dollars, und fuhr weiter zur Moses-Farm. Ein kleines Holzhaus, wie die meisten Häuser der Gegend weiß gestrichen, zweistöckig, etwas abseits der Straße auf einem Hügel gelegen. Die alte Frau war nicht daheim, er wurde von der Frau des jüngsten Sohnes empfangen. Sie bat ihn, am nächsten Tag wiederzukommen. So lernte er sie auch persönlich kennen und persönlich schätzen.

Mit seinen Neuerwerbungen kehrte der Ingenieur nach New York zurück. Er zeigte sie Kunsthändlern, Kritikern, Sammlern. Niemand interessierte sich dafür. Wohl hingen 1939 im Klubraum des „Museum of Modern Art" drei in einer privaten Schau von Amateurmalern, aber sie erregten keinerlei Aufmerksamkeit. So versuchte er es noch einmal in der neu eröffneten Galerie des bereits erwähnten Otto Kallir, »St. Etienne«. Die Eröffnung dieser ersten Ausstellung fand am 9. Oktober 1940 statt – 34 Bilder dieser alten Frau unter dem Titel „What a Farmwife painted" – „Was eine Bäuerin malte – Arbeiten der Anna Mary Moses".

Die Ausstellung wurde ein Erfolg. Alle wichtigen Zeitungen und Zeitschriften widmeten ihr wohlwollende Besprechungen: sie rühmten die Originalität und Frische ihrer Malerei, die phantasiebeschwingte Auffassung und die ausgewogene Komposition.

Dieser erste Erfolg wie alle späteren und sämtliche Ehrungen und Auszeichnungen beeindruckten die Grandma Moses nicht im mindesten. Wohl freute sie sich über das Interesse der Menschen an ihren Bildern, machte sich aber zugleich lustig über sie und riet ihnen, lieber Hühner zu kaufen: sie seien eine bessere Geldanlage, sie vermehrten sich!

Seit der ersten Ausstellung 1940 hat man die Bilder der Grandma Moses in Hunderten von Ausstellungen in amerikanischen Museen und Kunstinstituten gesehen und ebenso in zahlreichen Veranstaltungen in Europa. Bekannt wurden die Riesenbeträge, die die Bilder in ihrem Heimatland erzielten. Kurzum – es geschah alles, um das Publikum darauf vorzubereiten, daß es sich bei der Grandma Moses um eine der Merkwürdigkeiten handle, wie sie nur Amerika, das Land der unbegrenzten Möglichkeiten, hervorbringe. Nachdem man die Bilder zu sehen bekommen hatte, wandelten sich Argwohn und vorsichtige Zurückhaltung in Anerkennung und dann in begeisterte Bewunderung.

In diesen Bildern ist alles klar und unkompliziert – so wie sich die Welt in den Augen eines Kindes oder eines einfachen, mit seinem Schicksal zufriedenen Menschen spiegelt. Unerfreuliches wird in ihnen gemieden: die Welt ist gut und schön, das Schlechte bringen erst die Menschen hinein; das aber soll man, wenn möglich, nicht zur Kenntnis nehmen. So liegen denn die Themen der Malerin unserer unruhigen Gegenwart fern: sie zeigt das Leben auf dem Lande, erzählt von Saat und Ernte, vom Wechsel der Jahreszeiten, den sie so oft erlebte, berichtet, wie man Feste feiert, beschreibt den Jahrmarkt mit seinen Vergnügungen oder alte Bräuche, wie man in ihrer Jugend Kerzen machte, wie der Waschtag verlief, wie man am Sonntag zur Kirche fuhr und danach die Freunde traf. Sie malte alte Gebäude, die es in ihrer Gegend gab, wie das „rotgewürfelte" Haus, wo man bei Überlandfahrten die Pferde wechselte. Immer wieder malte sie die liebliche Landschaft des Hoosick-Tals, in dem ihre Farm lag. Der Ruhm, eine Einladung zu Präsident Truman, das Ehrendoktorat zweier Universitäten, haben ihr nichts anhaben können. Photos zeigen sie als eine schlichte Frau, der auch das Malen nur ein Tagewerk war wie alles andere, das das Leben von ihr verlangte. Ihre lebens- und menschenfreundlichen Bilder sind heut der Stolz vieler Museen. Sie schenken dort jedem Besucher Trost und Heiterkeit, weil sie die Herzlichkeit und Güte einer Frau ausstrahlen, die in einem langen Leben weise wurde.

Am Umgang mit den Schwachen beweist sich die Kultur einer Gesellschaft. Was sie für sie tut und wie sie ihnen hilft, körperliche und seelische Tiefpunkte zu überwinden, entscheidet über ihren Rang und ihre Würde. Damit ist nicht allein der Staat gemeint und gefordert. Jeder von uns kann dazu beitragen, brachliegende Kräfte zu fördern, um einen Notleidenden wieder aufzurichten, nicht zuletzt auch zum Wohl der Allgemeinheit – und schließlich auch zur Freude und Befriedigung dessen, dem das gelingt. Betätigungsfelder gibt es dafür viele, auch und gerade für ältere Menschen.

Man kann bei Krisensituationen in der Nachbarschaft freundlichen Beistand leisten, sich Behinderter annehmen, Gelähmten und Erblindeten einen kleinen Teil der Freizeit opfern und da, wo man Rat- oder Ausweglosigkeit vermutet, wohltuend eingreifen – schon eine Aussprache kann für jemanden, der verzweifelt ist, eine rettende Wende bedeuten, sie kann neue Perspektiven und neue Lichtpunkte setzen. Wir sprachen eingangs bereits von den vielfältigen praktischen Aufgaben der Sozialstationen in der Bundesrepublik, die in hohem Maß auch der freiwilligen Mitarbeit der Bürgerschaft der Städte und Gemeinden bedürfen. Zweier anderer Hilfseinrichtungen sei in diesem Zusammenhang noch gedacht.

In einigen Großstädten Westdeutschlands gibt es sogenannte „Inseln" oder „Häuser der offenen Tür", getragen von der evangelischen oder der katholischen Kirche und auch von beiden gemeinsam. Gelegen sind sie zumeist im verkehrsreichen Zentrum, still und unauffällig, und bieten sich Mutlosen und Verzagten zu einem Beratungsgespräch an. In einem Beispiel sind es zu 70% längere und intensive Aussprachen, die dann auch fortgesetzt werden. Jeder Ratsuchende kann unangemeldet und – wenn irgend möglich – ohne Wartezeit kommen und sich über sein gegenwärtiges Problem aussprechen.

Hauptaufgabe ist die Krisenintervention, das heißt der Versuch, sich Menschen in akuter Not anzunehmen und sie zu begleiten, bis sie selber neue Wege sehen oder in der Lage sind, sich einer Behandlung oder einer Fachberatung zuzuwenden.

Viele Hemmnisse sind dabei oft zu überwinden, Mißtrauen, Scheu und Scham. Vor allem aber: jeder Besucher soll fühlen, daß er ernst genommen wird, daß er „wichtig" ist und daß sein Gesprächspartner zuverlässig für ihn da ist, sich für ihn Zeit nimmt. Es soll eine vertrauensvolle Beziehung entstehen, für viele Verlorene und Vereinsamte, für abseits Stehende und in sich Verschlossene, vielleicht nach Jahren wieder zum ersten Mal. Im letzten Jahr gab es bei unserem Beispiel – dem fünften Jahr seit Bestehen – über 6.000 Gespräche.

An der Spitze standen Krisensituationen – Partner- und Ehekonflikte, den Verlust von Bezugspersonen, Alleinsein. Ihnen folgten Krankheitsprobleme (organische und psychische Störungen), dann Rechtsfragen, andere um Beruf und Lebensunterhalt kreisende, schließlich altersspezifische Fälle und religiös – weltanschauliche Bedrückungen. Es ist das ein wohl einigermaßen repräsentativer Querschnitt dessen, was unsere Mitmenschen quält. Hier suchen sie in letzter Zuflucht eine verläßliche Antwort.

Eine Sozialarbeiterin aus diesem Kreis bekennt, daß ein Bericht über ihre Arbeit etwas darstellen müßte, was eigentlich kaum darstellbar ist:

„Wir, die Mitarbeiter, hören zu. Wir hören eine Lebensgeschichte, eine Problematik, die sich ein Leben lang bis zur Krise entwickelt hat. Oft wird diese Krise in Worten ausgedrückt, die mehr verschleiern als verdeutlichen. Es ist ja furchtbar schwer, eigene unverarbeitete Vorgänge darzustellen. Dies lehrt in unserer Gesellschaft weder die Schule noch die häusliche Erziehung. Darüber zu sprechen, verursacht, weil ungewohnt, Angst. Meist können nur die äußeren Konflikte – von Partnern in Ehe, Familie, Arbeitswelt ausgelöst – dargestellt werden: diese anderen sind „schuld", die, die nicht dasitzen, die nicht sprechen, aber wie Schatten anwesend sind.

Was können wir anbieten? Nur uns selbst, unser ständig verfeinertes Fühlen, unser Tasten, unsere Unsicherheit, unser nie zur Routine erstarrendes Wissen um uns selber, um unsere Mitmenschen, unsere und ihre Fehler, unsere und ihre Wünsche. Es gehört vor allem unsere eigene Einsicht dazu, daß auch wir mit unseren Unzulänglichkeiten leben müssen, daß es Rezepte, „Rat-Schläge", nicht geben kann und nicht geben darf, denn sie passen nur vordergründig. Unser Hören, Sehen, Fühlen und die sich daraus ergebende Haltung als Mensch – das ist es, was die anderen, gleichgültig, wie sie sich zunächst selber darstellen, brauchen."

Pro Arbeitstag werden in diesem Beispiel zwischen 30 bis über 60 solcher Gespräche geführt, zwei Drittel davon mit Hilfesuchenden zwischen 25 und 40 Jahren.

Was die karitativen Einrichtungen, die noch sehr jung sind, wollen, sagt die leicht abgeänderte Fassung eines bekannten Gleichnisses Jesu:

Es war ein Mensch, der wurde von den Leuten seiner Umgebung immer wieder enttäuscht. Er fühlte sich ausgenutzt und übers Ohr gehauen. Zuletzt blieb er allein und hatte keine Freude mehr am Leben. Als er grübelnd auf einer Bank saß, kam der Pfarrer vorbei. Ach, dachte er, den sollte ich mal ansprechen, er schaut so traurig aus. Leider habe ich jetzt Konfirmandenunterricht. Und er ging weiter. Da kam der Arzt vorbei. Der Mann sieht nicht gesund aus, dachte er. Aber wenn ich an mein Wartezimmer denke…In zehn Minuten fängt die Sprechstunde an. Zwanzig Patienten warten bereits. Und er ging weiter. Da kam ein anderer vorbei. Er sah den Menschen und sagte: „Sie sehen schlecht aus. Ich glaube, es bedrückt Sie etwas!" Da fing der an zu reden, und es wurde ein langes Gespräch. Plötzlich war er nicht mehr allein. Er fühlte, wie allmählich neue Lebenskraft in ihm erwachte. Der andere aber dachte: Mit diesem Menschen mußt du häufiger reden. So wurde daraus eine Freundschaft, und der Kranke wurde gesund. (Übertragung: G. Born)

Römische Bettlerin, 1857
Edgar Degas
1834–1917
Birmingham, City Museum und Art Gallery

Sehr verwandt diesen neuen Initiativen zum helfenden Gespräch ist die auch in der Bundesrepublik weitverbreitete Telefon-Seelsorge. Wenige ahnen, daß im letzten Berichtsjahr (1976) die Zahl derer, die sich bei ihr als gewissermaßen letzter Instanz Beistand erhofften, rund 400.000 Anrufe betrug. Man darf annehmen, daß es fast alle in äußerster Verzweiflung taten.

Beherrschend in der erschütternden Statistik sind die Anlässe, die mit Krankheitssituationen psychischer oder körperlicher Art zusammenhängen, bis hin zu schwersten Suchterkrankungen und Ausweglosigkeiten dicht vor dem Selbstmord. Danach folgen Motive, die sich aus den gestörten Beziehungen zwischen den Geschlechtern ergeben. Besondere Lebenssituation wie Schicksalsschläge, Todesfälle, Vereinsamungs- und Isolierungsvorgänge machen „nur" 12,7% aus. Soziale Anlässe wie Arbeitslosigkeit, Rentenprobleme oder wirtschaftliche Schwierigkeiten sind mit 6,5% beteiligt. An die Telefon-Seelsorge wenden sich gleichermaßen evangelische und katholische Christen wie Andersgläubige oder Glaubenslose. Not macht nicht vor dem Bekenntnis halt.

Mit dem telefonischen Rat müssen klare und prompte Hilfeleistungen einhergehen, damit der andere beruhigend erfährt: der tut wirklich etwas für mich, der redet nicht nur. Seelische Notlagen bestehen ja zumeist nicht isoliert. Sie sind verknüpft mit vielen anderen Schwierigkeiten, auch materieller Art. Hier gilt es dann, menschliche Verbindungen herzustellen zum Arzt, zum Psychotherapeuthen, Psychiater, zum Juristen oder zu fürsorgerischen Institutionen.

Die Telefon-Seelsorge will und kann all diese Zuständigkeiten nicht ersetzen. Im Gegenteil. Sie braucht sie. Sie bildet die so oft fehlende menschliche Zwischeninstanz, indem sie nicht unpersönlich „weiterschickt", sondern ein erstes Vertrauen wiederherstellt.

Sie legt höchsten Wert darauf, mit dem Menschen, der sich zuerst an sie gewandt hat, in Verbindung zu bleiben. Nach besten Kräften will sie den Gefährdeten eine Zeit lang begleiten, bis er seine Lebenskräfte wiedergewonnen und neuen Lebensmut gefaßt hat. Hier wird deutlich, daß die segensreichen Organisationen, von denen wir sprachen, ihre Aufgaben allein garnicht erfüllen können. Neben einem kleinen hauptamtlichen Kreis bedarf es einer sehr großen Zahl von freiwilligen Helfern. Dieser Kreis muß sehr vielschichtig sein. Denn jeder tut nicht jedem gut. Nicht jeder kann sich in die vielfältig schwierigen Lebensumstände eines anderen einfühlen.

Hier stellen sich älteren Menschen, Männern wie Frauen, die beruflich unbefriedigt sind oder nicht mehr ausgelastet – sie scheiden in der Härte des Konkurrenzkampfes oder der Rationalisierung wegen aus, oder die Kinder sind erwachsen und aus dem Hause –, viele lohnende Aufgaben und allzumal befriedigende: mit ihrer Lebenserfahrung anderen beistehend das Leben zu meistern, von ihrem Wissen anderen etwas mitzuteilen, um sie anzuregen und aufzurichten, um neue Hoffnung und dadurch neue Kräfte zu wecken.

Der meiste Schatten rührt daher...

*Der Mensch lebt nur wirklich, wenn er gegen
seine Grenzen ankämpft.*

Ignazio Silone

*Es gibt nur eine Ecke im Universum, wo du
sicher Fortschritte erzielen kannst – und das ist
dein eigenes Selbst. So mußt du also da beginnen, nicht außerhalb, nicht bei anderen Leuten.
Dies kommt nachher, wenn du deine eigene
Ecke bearbeitet hast.*

Aldous Huxley

*Der meiste Schatten in unserem Leben rührt da-
her, daß wir uns selbst in der Sonne stehen.*

Ralph Waldo Emerson

Der Mensch wird, was er unablässig denkt.

Ralph Waldo Emerson

Wir kommen nie aus der Traurigkeit heraus,
wenn wir uns ständig den Puls fühlen.

Martin Luther

Der trübe Mut macht auch den Körper krank
und siech.

Sophokles

Daß die Vögel der Sorge und des Kummers über
deinem Haupt fliegen, kannst du nicht ändern.
Aber daß sie Nester in deinem Haar bauen, das
kannst du verhindern.

Chinesisches Sprichwort

Sorgen sind wie Babies: je mehr man sie ver-
hätschelt, desto besser gedeihen sie.

Douglas Jerold

Die Wahrsagerin
Franz van Mieris
1635–1681
Dresdener Galerie

Ein Optimist ist jemand, der ein für allemal weiß, wie traurig die Welt sein kann, während ein Pessimist jemand ist, der täglich neu zu dieser Erkenntnis gelangt.

Peter Ustinov

Ein Sonnenstrahl reicht aus, um viel Dunkel zu erhellen.

Franz von Assisi

Wer in Gefahr ist, Pessimist zu werden, soll eine Rose betrachten.

Edmond Rostand

Gleichgültigkeit ist der eigentliche Tod.

Ernst Freiherr von Feuchtesleben

Die inneren Anlagen zur Freude

*Die Menschen werden mehr voneinander ver-
schieden durch die inneren Anlagen zur Freude
als durch die äußeren Verhältnisse, in denen
jene wirken.*

Jean Paul

*Der Mensch muß lernen, den Lichtstrahl aufzu-
fangen und zu verfolgen, der in seinem Innern
aufblitzt.*

Ralph Waldo Emerson

Glaube mir, echte Freude ist eine ernste Sache.

Seneca

Die Gelassenheit ist eine anmutige Form des Selbstbewußtseins.

Marie von Ebner Eschenbach

Letzten Endes kann man ein und dieselben Dinge sehr verschieden sehen, es hängt nur vom jeweiligen Standpunkt ab. Man kann eine Pfütze betrachten und nur die Pfütze sehen, man kann aber die Pfütze betrachten und die Sterne sehen, die sich in ihr spiegeln

Wladimir Woinowitsch

Augenmaß ist alles. Wichtiges wichtig nehmen, Unwichtiges unwichtig – das ist Lebenskunst.

Ewald Balser

Poly, Fischer auf der Belle-Ile, 1886
Claude Monet
1840–1926
Paris, Musée Marmottan

56

Der Humor rückt den Augenblick an die richtige Stelle. Er lehrt uns die wahre Größenordnung und die endgültige Perspektive. Er macht die Erde zu einem kleinen Stern, die Weltgeschichte zu einem Atemzug und uns selber bescheiden. Das ist viel.

Erich Kästner

Das Leben ist wie ein Spiegel: Wenn man hinein lächelt, lächelt es zurück.

C. S. Gulbenkian

Ich kann mir keine angenehmere Einstellung zum Leben denken als eine humorvolle Resignation.

W. Somerset Maugham

Humor ist der Schwimmgürtel des Lebens.

Wilhem Raabe

Immer auf dem Sprung stehen

Nicht auf das Leben kommt es an, sondern auf den Schwung, mit dem wir es anpacken.

Hugh Walpole

Für den, der im Kämpfen Erfahrung hat, gibt es kein Hindernis, das standhielte.

André Gide

Zaghaften Sinns ersteigst du nicht des Lebens Höhen.

Publilius Syrus

Der Erfolg ist das Kind des Wagemuts.

Benjamin Disraeli

Immer auf dem Sprunge stehen, das nenne ich Leben, von Sicherheit eingewiegt werden bedeutet sicheren Tod.

Oscar Wilde

Geduld ist die Gefährtin der Weisheit.

Augustinus

Geduld ist die Kunst, zu hoffen.

Friedrich Schleiermacher

Geduld ist aller Schmerzen Arzenei.

Publilius Syrus

Courage ist gut, aber Ausdauer ist besser. Ausdauer, das ist die Hauptsache.

Theodor Fontane

Mut ist eine besondere Weisheit

Lebensmut mag oft weniger dramatisch erscheinen als Todesmut; doch er ist nicht weniger eine großartige Verbindung von Triumph und Tragik.

John F. Kennedy

Ein Mann mit Courage ist so gut wie eine Mehrheit.

Andrew Jackson

Was wir wünschen und loben, ist nicht der Mut, würdig zu sterben, sondern der Mut, mannhaft zu leben.

Thomas Carlyle

Es gibt eine tödliche Krankheit namens Entmutigung, gegen die die Menschen sehr strenge Vorsichtsmaßregeln gebrauchen müssen.

George Bernhard Shaw

Mut ist eine besondere Weisheit: die Weisheit, das zu fürchten, was man fürchten soll, und das nicht zu fürchten, was man zu fürchten braucht.

David Ben Gurion

Der alte Savoyarde
Jean-Antoine Watteau
1684–1721
Regenstein Collection

Jedes Schreckbild verschwindet

Die Furcht ist das Unglück, deshalb aber ist nicht Mut das Glück, sondern Furchtlosigkeit.

Franz Kafka

Ich steuere mein Schiff mit der Hoffnung im Bug und verbanne die Furcht ins Heck.

Thomas Jefferson

Man muß das Gute auch am Rande des Abgrunds nicht aufgeben.

Wilhelm von Humboldt

Es gibt mehr Menschen, die kapitulieren, als solche, die scheitern.

Henry Ford I

Es ist die Hoffnung, die den Schiffbrüchigen mitten im Meer veranlaßt, mit seinen Armen zu rudern, obwohl kein Land in Sicht ist.

Ovid

Jedes Schreckbild verschwindet, wenn man es fest ins Auge faßt.

Johann Gottlieb Fichte

Kraft kommt nicht aus körperlichen Fähigkeiten. Sie entspringt einem unbeugsamen Willen.

Mahatma Gandhi

Kräfte lassen sich nicht mitteilen, sondern nur wecken.

Georg Büchner

Alle Stärke wird nur durch Hindernisse erkannt, die sie überwältigen kann.

Immanuel Kant

Je mehr man sich verbraucht, desto mehr Kräfte hat man.

Alma Mahler-Werfel

Leiden sind wie Gewitterwolken

Der Schmerz ist ein heiliger Engel, und durch ihn sind Menschen größer geworden als durch alle Freuden der Welt.

Adalbert Stifter

Wenn der Mensch zu seinem Leid von heute nicht immer auch sein Leid von morgen hinzurechnete, so wäre jedes Schicksal erträglich.

Robert Hamerling

Ein Mühlstein und eine Menschenherz wird stets herumgetrieben; wo beides nicht zu reiben hat, wird beides selbst zerrieben.

Friedrich von Logau

Die Leiden sind wie Gewitterwolken: in der Ferne sehen sie schwarz aus, über uns grau.

Jean Paul

Briefleserin in Blau (Ausschnitt), um 1865
Jan Vermeer
1632–1675
Amsterdam, Rijkmuseum

Ich ergebe mich darein

*Ich glaube, daß trotz des offensichtlichen Un-
sinns das Leben dennoch einen Sinn hat, ich ergebe mich darein, diesen letzten Sinn mit dem
Verstand nicht erfassen zu können, bin aber bereit, ihm zu dienen, auch wenn ich mich opfern
muß.
Die Stimme dieses Sinnes höre ich in mir selbst,
in den Augenblicken, wo ich wirklich und ganz
lebendig wach bin.*

Hermann Hesse

*Ich bin bereit, das Leben als Schachspiel zu be-
trachten, in dem die Grundregeln außer Diskussion stehen. Niemand fragt, warum dem
Springer exzentrische Sprünge gestattet sind,
warum der Turm nur geradeaus gehen darf
und der Läufer nur diagonal. Diese Gesetze
müssen hingenommen werden, und nach diesen
Regeln wird gespielt: es wäre töricht, sich dagegen
aufzulehnen.*

W. Somerset Maugham

*Wir sind nicht hienieden, um auszuwählen,
sondern um vorliebzunehmen.*

Kurt Tucholsky

Dem Tapferen sind Glück und Unglück wie seine rechte und seine linke Hand.

Katharina von Siena

Das Unglück ist der Prüfstein des Charakters.

Samuel Smiles

Gar viele sind im Unglück, du bist's nicht allein.

Euripides

Die nützlichsten Erfahrungen, die man macht, sind die schlechten.

Thornton Wilder

Wo ein Tröpflein Unglück ist, da ist doch auch ein Meer voll göttlicher Wohltaten.

Martin Luther

So lange ich atme

Wenn du klug bist, so mische eines mit dem anderen: hoffe nicht ohne Zweifel und zweifle nicht ohne Hoffnung.

Seneca

Schlägt dir die Hoffnung fehl, nie fehle dir das Hoffen. Ein Tor ist zugetan, doch tausend sind noch offen.

Friedrich Rückert

Solange man lebt, ist nichts endgültig.

Arnold Zweig

So lange ich atme, hoffe ich.

Lateinisches Sprichwort

Ballettschule, Ausschnitt, 1875
Edgar Degas
1834–1917
Paris, Louvre

Die Menschen, denen wir eine Stütze sind

Es gibt die liebende Begegnung auf dieser Welt.
Es gibt die Freude. Es gibt die Freundschaft. Es
gibt das Vertrauen.

Carl Zuckmayer

Luft und Licht heilen, und Ruhe heilt, aber am
besten Balsam spendet doch ein gütiges Herz.

Theodor Fontane

Aber was wäre unser Leben ohne die guten Ge-
fährten, die uns begleiten, die uns mahnen und
stärken, die in Liebe Kritik üben und die auch
dann zu uns stehen, wenn sie uns manchmal
nicht mehr verstehen und wir uns vielleicht sel-
ber ein Rätsel sind.

Helmut Thielicke

Die Menschen, denen wir eine Stütze sind, ge-
ben uns den Halt im Leben.

Marie von Ebner-Eschenbach

Gegen die Erde gibt es keinen Trost als den Sternenhimmel.

Jean Paul

Alles was ich sehe, lehrt mich, dem Schöpfer auch bei allem, was ich nicht sehe, zu vertrauen.

Ralph Waldo Emerson

Ich hoffe auf Gott, weil ich nichts anderes hoffen kann. Aus eigener Kraft vermag ich nichts zu erreichen.

Alba de Cèspedes

Wer Gott zum Freunde hat, dem schadet keine Kreatur.

Agricola

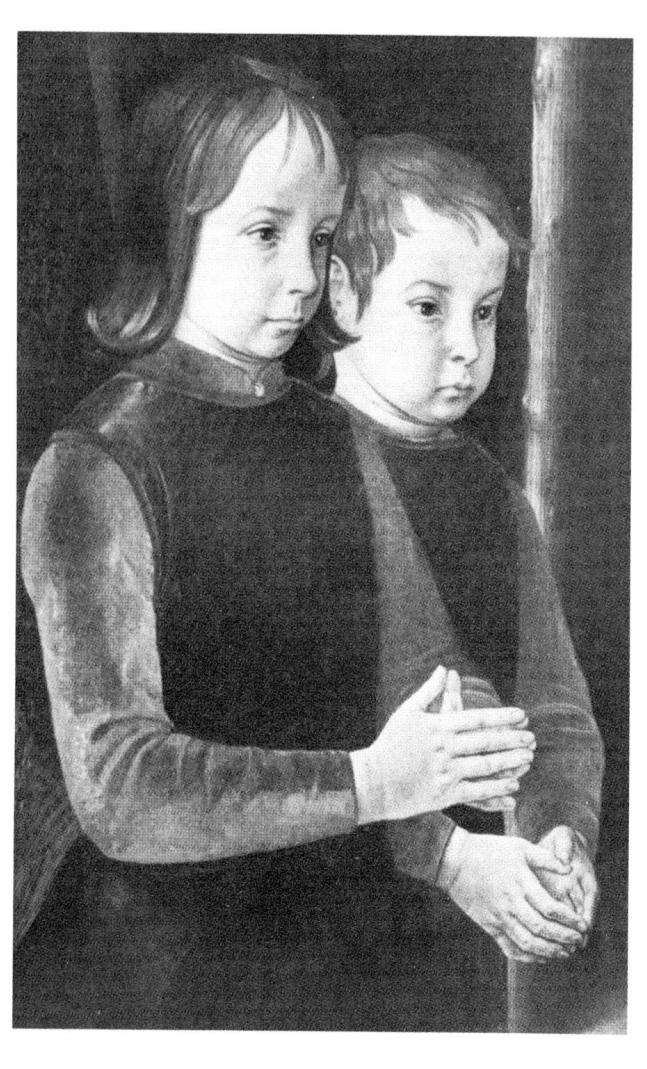

Die Söhne Tommasso Portinaris,
Ausschnitt aus dem linken Flügel des Portinari-Altars
Zwischen 1487 und 1478
Hugo van der Goes
1414–1482
Florenz, Galleria degli Uffizi

Das Gebet ist die wirksamste Form ...

Gebete bewegen mich und helfen mir. Es tut mir gut, bewegt zu sein.

George Bernhard Shaw

Beten ist das Atemholen des Glaubens. Wer nicht betet, der stirbt innerlich ab.

Eduard Wörmann

Das Gebet ist die wirksamste Form der Energie, die wir erzeugen. Der Einfluß des Gebets auf die Seele und den Körper des Menschen läßt sich genau so nachweisen wie der der Drüsen und zeigt sich in erhöhter körperlicher Elastizität, größerer geistiger Spannkraft, moralischer Stärke und einem tiefen Verständnis für menschliche Beziehungen. Richtiges Beten ist eine Art zu leben, und richtiges Leben ist im wahrsten Sinn des Wortes eine Art Gebet.

Alexis Carrell

Dankbar sein können

O Gott, der du uns soviel gegeben hast, gib uns in deiner Gnade noch eines: ein dankbares Herz.

George Herbert

Dankbar sein können ist eine Tugend.

Theodor Heuss

Ein einziger dankbarer Gedanke zum Himmel ist das vollkommenste Gebet.

Gotthold Ephraim Lessing

Es ist etwas Reiches um die Dankbarkeit. Sie hält das eigene Herz warm, verwandt dem vierten Gebot, dem einzigen, das Belohnung gleich hier auf Erden verspricht.

Valérie von Martens

Altern ist eine schlechte Gewohnheit, die ein beschäftigter Mann gar nicht erst aufkommen läßt.

André Maurois

Schändlich ist es, wenn die Seele in einem Leben eher ermüdet als der Leib.

Marc Aurel

Stärke und Schönheit sind die Vorzüge der Jugend, des Alters Blüte aber ist die Besonnenheit.

Demokrit

Das Alter ist eine Fiktion. Nicht die Jugend entscheidet, sondern die Reserve.

Walter Hasenclever

Heilige Anna Selbdritt, 1510
Leonardo da Vinci
1452–1519
Paris, Louvre

Das Grün braucht Zeit zum Sprießen

Gott wird alles ausgleichen, wenn du ihm Zeit gibst.

Ann Fairbairn

Mit den Flügeln der Zeit fliegt die Traurigkeit davon.

La Fontaine

Kein Sonnenstrahl geht verloren, aber das Grün, das er weckt, braucht Zeit zum Sprießen, und dem Sämann ist nicht immer beschieden, die Ernte mitzuerleben.

Albert Schweitzer

Wenn wir endlich so weit sind

*Wir wollen diese kurze Zeitspanne der Natur
gemäß durchleben und heiter beendigen, so wie
die reif gewordene Olive fällt, indem sie die
Erde segnet, die sie hervorgebracht, und dem
Baume dankt, der sie genährt hat.*

Marc Aurel

*Ein guter, edler Mensch, der mit uns gelebt,
kann uns nicht genommen werden: er läßt eine
leuchtende Spur zurück gleich jenen erloschenen
Sternen, deren Bild noch nach Jahrhunderten
die Erdbewohner sehen.*

Thomas Carlyle

*Wenn wir endlich soweit sind, daß wir nicht
mehr richten, sondern nur noch verstehen wollen, wenn der Erkenntnisdrang unser ganzes
Wesen durchglüht und wir ahnen, daß die Zeit
unser höchstes Besitztum ist – dann läßt Gott
uns sterben.*

Heinrich Wolfgang Seidel

Das Leben, 1903
Pablo Picasso
1881–1974
Cleveland, Museum of Art

Die blaue Reihe

Ein liebenswürdiges
und besinnliches Geschenk
für die verschiedensten Anlässe

Von den blauen Bändchen wurden bisher über 600 000 Stück als Geschenke verwendet, offenbar weil es sich um nachdenklich stimmende und dennoch kurzweilige, lebensnahe Betrachtungen handelt, die manchem in unserer Zeit etwas zu sagen haben.

Wie oft ist man um ein kleines Geschenk verlegen, wenn man einen Besuch macht, wenn es sich um einen Geburtstag, eine Krankenvisite oder andere Anlässe handelt.

Mit dieser Reihe sind Sie immer gut gerüstet und können gewiß sein, den Empfängern Freude zu bereiten.

Wer einen Band kennengelernt hat, möchte meist alle besitzen.

Des Menschen Engel ist die Zeit

Die nachdenkliche, unterhaltsame Betrachtung geht den Zusammenhängen der Zeitnot, der Not unserer Zeit nach.

Von der Art zu leben hängt es ab, ob die Zeit des Menschen Engel ist. Die Lektüre wird für den Leser zu einer Besinnungspause, die mit Sicherheit von Gewinn ist.

DES MENSCHEN
ENGEL
IST DIE ZEIT

Lebenswerte, liebenswerte Jahre

Die zweite Lebenshälfte zu meistern, will vielen schwierig, einigen unmöglich erscheinen, obwohl, richtig verstanden, das Alter unser „zweites Leben" sein kann. Jede Lebensstufe will recht und voll ausgelebt sein, wenn die nächste Zeitspanne Frucht, Reife oder Vollendung bringen soll.

Das Glück unserer Tage

Wie häufig wünschen wir Glück, ohne dabei an das rechte, das eigentliche Glück zu denken. Wissen wir denn, was Glück ist? Wo es zu finden ist? Carmen Sylva rät, es nicht in einem ewig lachenden Himmel zu suchen, sondern in ganz feinen Kleinigkeiten, aus denen wir unser Leben zurechtzimmern.

Pflicht ward Freude

Die Arbeit ist der Mittelpunkt für das Wesen jedes Menschen. Wer in seiner Arbeit zufrieden ist, der ist zufrieden.
Bei vielen Erfindungen und Dienstleistungen stand am Anfang die Bereitschaft zum Dienen, die später nach ausdauernder, aufopfernder Arbeit großen Gewinn brachte, eben weil sie ihre Wurzel in einer tätigen Menschenliebe hatte.

Mütter sind unsterblich

Eine rechte Mutter zu sein, das ist
eine schwerer Dienst, das ist wohl
die höchste Aufgabe im Menschen-
leben.
Über das Lebensnotwendige hinaus
schenkten Mütter ihren schöpfe-
risch begabten Kindern Verständnis,
halfen und ermunterten sie. Berühmt geworden, setzten Söhne
und Töchter ihnen in ihren Briefen
und Werken unvergängliche Denk-
mäler.

**Mütter
sind unsterblich**

Die Sonne scheint für alle

Woher in dieser Welt noch Heiterkeit und Gelassenheit nehmen?
Wo Trost finden, wie Mut gewinnen
oder Güte bewahren? Seelische
Widerstandskraft kann nur aus
wahrhafter Selbsterkenntnis erwachsen, aus der Aneignung von Werten,
die es uns ermöglichen, Freude zu
empfinden und weiterzugeben.

**Die Sonne
scheint für alle**

Der Kreis der Sehnsucht
(Preis der Freiheit)

Materielle und geistige Freiheit
sind nicht voneinander zu trennen.
Wohlstand und Gewöhnung haben
die Anziehungskraft dieses Ideals
verblassen lassen. An uns ist es,
die Sache der inneren und äußeren
Freiheit zu vertreten und ihr großes
Bild neu zu schaffen.

**Der Kreis
der Sehnsucht**

Das Leben
will geliebt sein

Das Leben will geliebt sein

Wir alle müssen das Leben meistern, aber die einzige Art, mit dem Leben fertig zu werden, besteht darin es zu lieben. Dabei lernen wir uns und unsere Mitmenschen kennen und wir verstehen schließlich daß wahre Sicherheit einzig und allein tief in uns selber liegt.

Eines Freundes
Freund zu sein

Eines Freundes Freund zu sein

Die Freundschaft ist neben der Liebe das nicht minder bedeutende Gefühl, dessen jeder Mensch bedarf, andernfalls er Schaden an seiner Seele nimmt. Liebe und Freundschaft sind die beiden Güter, die den Armen zauberhaft bereichern und deren Mangel den Reichen bitter darben läßt.

Jeder Tag
ein neues Leben

Jeder Tag ein neues Leben

Wo die materielle Sicherheit gefährdet erscheint und die religiöse Geborgenheit fehlt, stellen Angst und Sorge den Fuß in die Tür. Frau Sorge und Mutter Hoffnung ringen um den Menschen. Zunächst gilt es, die Ursachen zu analysieren und sich der Hilfen zu vergewissern, die auch den dunklen Tag erhellen, denn es fehlt auch in dieser Zeit nicht an Auswegen.

Die Kunst der Muße

Die Muße des Menschen ist der letzte Unterschlupf für seine individuellen Regungen. Recht verstandene Muße kann zum natürlichen Gegenpol unserer Arbeit werden, aus ihr können neue seelische und physische Kräfte erwachsen, die uns befähigen, dem Leben die guten Seiten abzugewinnen.

Die Kunst der Muße

Gefährten eines Lebens

Das Gelingen oder Scheitern liegt bereits in der Auffassung, daß die Ehe dazu bestimmt sei, glücklich zu machen, also ein „Recht auf Glück" bestehe, während das Glück allein im gegenseitigen Schenken liegt. Wer diese Kunst beherrscht, wird erfahren, daß der Schenkende immer zugleich der Beschenkte und der Beglückte ist.

Gefährten
eines Lebens

Der Brief ein Geschenk

Ein Geschenk, das dem Geber keinen materiellen Einsatz, wohl aber Zeit abverlangt, ist der Brief. Welch guter Rat, Freunden, die sich seit langem eine besinnliche Stunde mit uns wünschen, anstelle anderer Dinge die Zeit zum Geschenk zu machen, die man für einen guten Brief benötigt. Zu der Betrachtung gehören 24 Briefe, die zu den gehaltvollsten Beispielen zählen.

Der Brief
ein Geschenk

Tagebuch der Freude

Tagebuch der Freude

Was der Schlaf für den Körper
bedeutet, ist die Freude für Geist
und Seele. Viele Freuden werden
übersehen, weil die Menschen meist
nur in die Höhe schauen und was
zu ihren Füßen liegt, nicht sehen:
die zahllosen kleinen Freuden, aus
denen sich das Glück zusammen-
setzt.

Anders
als die Träume

Anders als die Träume

Der Dichter Friedrich Hebbel
bezeichnet es als ein herrliches Vermögen der Menschheit, sich schöne
Träume zu bilden, einerlei, ob
sie nun Realität haben oder nicht,
und ein anderer Schriftsteller
unserer Tage fügt hinzu, daß es die
höchste Weisheit sei, hochge-
spannte Träume nicht aus den Augen
zu verlieren, während man Ihnen
nachstrebe.

Leben heißt hoffen

Hoffnungslosigkeit kann tödlich
sein, umgekehrt löst Hoffnung neue
Kräfte aus. Wir kommen nie aus
der Traurigkeit heraus, wenn wir uns
ständig den Puls fühlen; ein Sonnenstrahl reicht aus, um viel Dunkel zu
erhellen.

Leben
heißt hoffen

Augenmaß und Geduld bewirken
viel. Wichtiges wichtig nehmen
und Unwichtiges unwichtig. Wer
klug ist, mischt eines mit dem
anderen: er hofft nicht ohne
Zweifel und zweifelt nicht ohne
Hoffnung.

Offene Tore zum Paradies

Ein sanftes Eden
liegt im Menschenherzen,
und es blühen darin
leuchtende und dunkle Blumen.
Wir lernen den Gedanken der ewigen
Wiederkehr verstehen Alles
Geschehen ist Trennen und Finden.
Alles Wiederfinden ist Rettung aus
Einsamkeit.
Wir können aus der Erde die Hölle
machen, aber auch das Paradies, wenn
wir in alles die Wahrheit Gottes
hineinbauen.

Offene Tore
zum Paradies

Mit Büchern leben

Bücher lesen heißt wandern in ferne
Welten, aus den Stuben über die
Sterne. Schlagt ein Buch auf: Freunde
kommen Euch entgegen.

Mit Büchern leben

Das Leben hat kein Geländer

Das Leben bietet keine Sicherheit
außer der, die tief in uns selbst liegt.
Selbstvertrauen, Begeisterung,
Können, Fleiß und Beharrlichkeit
schirmen uns vor den Gefahren ab.

Das Leben
hat kein Geländer

Und ewig bleibt das Staunen

Staunen und Fragen ist der Anfang
jeder Philosophie.
Wer jung bleiben will, muß sich die
Fähigkeit des Staunens erhalten;
er wird ungeahnte Wunder entdecken.

Im Zauberreich der Töne

Viele Augenblicke unvermischt
reinen Glücks verdanken wir der
Musik. Sie läßt uns das Leben los-
gelöst von allem Stofflichen im
Lichte idealer Verklärung erscheinen.
Musik wäscht den Staub des Alltags
von der Seele.